Papia ta nada,

Komuniká t'e kos

D'arcy J. Lopes

Order this book online at www.trafford.com
or email orders@trafford.com

Most Trafford titles are also available at major online book retailers.

Printed in the United States of America.

ISBN: 978-1-4269-7896-8 (sc)

Trafford rev. 08/10/2011

 www.trafford.com

North America & International
toll-free: 1 888 232 4444 (USA & Canada)
phone: 250 383 6864 ♦ fax: 812 355 4082

Dedikashon/Gradesimentu

E obra aki ta dediká na tur partisipante di mi kursonan di 'Public Speaking'. Mi ta mashá agradesido na nan. Siñando nan, m'a siña kon splika mihó i skohe e ehèmpelnan mas adekuado.

Komentario

Apresiado lektor,

Kada be ku na e isla aki hende kompartí nan sabiduria, nan eksperensia pa sinseramente yuda esnan na kaminda, ta motibu pa húbilo.

Ku publikashon di su buki *Papia ta nada ... Komuniká t'e kos* D'arcy Lopes, maestro den siña su próhimo balor di *bon komunikashon* a dal un stap ku ta benefisioso pa tur hende i en espesial pa papiadónan di papiamentu.

Importansia i efektividat di bon komunikashon no ta sinta solamente den e forma ku nos ta komuniká ku otro, sino tambe den e komunikashon ku nos ta mantené ku nos mes. Bo tin di strukturá i internalisá bo mensage promé ku bo pas'é pa otro. E práktika akí ta hiba nos na komprendé otro i nos mes tambe mihó.

Komuniká ku fasilidat di ekspreshon, ku konosementu eksakto di nifikashon di palabra empleando un vokabulario ku nos ta yega na enrikesé konsientemente ku tempu, papia i skirbi ku rèspèt pa e lenga ku nos ta usa, ta habri posibilidat i oportunudat den kualke aspekto di bida. Hende ta komprendé otro mihó i si por tin desakuerdo mes, komo tin e abilidat di eksponé pensamentu klaramente, abo i esun ku ta skuchabo por yega mediante diskushon sano, na komprenshon i solushon.

D'arcy ta trese di un manera kla kon yega na desaroyá e arte di komuniká pa mensage yega i kon reseptornan por buska pa digerí mensage.

Un hende ku ta dominá e arte di komuniká ku efisiensia i di forma efektivo, tin un personalidat desaroyá, ta sigur di su mes i ta gana aseptashon i atmirashon.

Si den bo desaroyo bo no ta asina leu ainda, ata den e buki aki e hèrmèntnan pa bo yega.

Danki, D'arcy pa bo kontribushon na stimulá desaroyo di e pueblo akí di nos.

Lucille Berry - Haseth
Alumno agradesido

Komentario

Distinguido lektor,

Mi ta felisitá D'arcy ku e buki aki na Papiamentu tokante Komunikashon, pa asina henter nos pueblo tambe por komprendé e materia difísil akí.

Komuniká no ta algu fásil. Splika kon komuniká efektivamente ta ainda mas kompliká.

Komo profeshonal ku konosementu den e ramo di 'Public Speaking' i ku un trayektoria eksitoso di mas ku 30 aña den e organisashon di Toastmasters, e ta un outoridat pa splika e materia kompliká akí.

Den su buki e outor ta splika tur e aspektonan di komunikashon, dunando ehèmpel kiko mester hasi korektamente i kiko mester evitá. El a usa idioma simpel pa asina un i tur por komprondé.

Mi ta rekomendá tur hende, ku ke desaroyá nan abilidat di komuniká, pa lesa e buki akí pa asina komprendé e arte akí mihó i manera e mes ta bisa, drenta un klup di Toastmasters pa desaroyá i krese.

Mi ta deseá D'arcy hopi éksito ku su obra i e lesadó hopi plaser.

Erich P. René, DTM
Toastmasters International
District 81 Governor 2006/2007

Prólogo

Ku gran plaser mi a lesa e obra '*Papia ta Nada, Komuniká t'e Kos*' di mi bon amigu di hopi aña.

Mi no ta usa e término 'gran plaser' pa kortesia, sino komo un ekspreshon sinsero di mi banda pa e obra di D'arcy ku m'a lesa ku mashá interes.

E no ta un obra voluminoso, sino un obra den un forma kompakto pero al kaso, ku ta kontené tur e fasetanan di loke awendia ta dominá nos bida diariamente: Komunikashon.

Komunikashon ta un Kompromiso. Na tur idioma den nos área e tin un denominashon kasi igual.

Communicatie is Engagement (hulandes).

Communication is Engagement (ingles).

Communication est Engagement (franses).

Communicación es un Compromiso (spañó).

Tabata un inisiativa di Sr. Arturo 'Tula' Jesurun ku Toastmasters a kuminsá na Curaçao ku Toastmasters Club Watapana (#1889-U) dia 14 di mart 1960. El a keda eksistí te dia 31 di yanuari 1969. Mi a bira miembro na 1961. Simadan Toastmasters Club a lanta na 1974.

Dia 22 di òktober 2006 Presidente di Toastmasters International Sr. Johnny Uy a honrámi ku e plakat 'Pioneer of Toastmasters in Curaçao'.

Pues Toastmasters ta mashá yegá na mi kurason i mi a siña masha hopi for di e diferente enkuentronan di formashon atrabes di añanan, pa kua mi ta mashá agradesido i orguyoso. Un kos ta sigur, mi interes, amor i konvivensia pa e organisashon edukashonal fabuloso akí, lo keda ku mi te na final di mi estadia riba e mundu akí.

Mi ke felisitá D'arcy, ku segun mi konsepto ta un modelo di Toastmasters pa ekselensia na Curaçao. Den e mas ku 30 aña ku e ta involukrá den e organisashon, el a engrandes'é, i hasié respetá den henter Karibe i tambe na nivel internashonal.

Loke a impreshonámi hopi ta e balor ku el a duna nos idioma vernákulo papiamentu, di a publiká su obra riba komunikashon na nos dushi idioma, komo promé den su género. Mashá, mashá pabien!
Mi tin sigur ku e obra akí lo ta un manual práktiko i balioso pa tur hende ku ke sa mas di 'Public Speaking'/Komunikashon, faktornan di gran importansia den e mundu di eksploshon di informashon ku nos ta bibando aden.
D'arcy, di kurason, pabien i nos ta keda den espera di mas obra balioso di bo banda. Mi ta spera ku hopi hende lo atkerí e obra aki, pa nan familiarisá nan ku e tema ku ta konserní nos tur: Komunikashon apropiá.

Bo amigu sinsero,
Edsel A.V. 'Papy' Jesurun
Promé Miembro Onorario di TMC Simadan (1974)
Pioneer of Toastmasters in Curaçao (2006)

Kontenido

1. Komunikashon 1

2. Análisis di e Oudiensia 7

3. Eskoho di un Tópiko 13

4. Organisashon di un Presentashon 17

5. Preparashon di un Presentashon 25

6. E Presentashon 31

7. Kurpa na Palabra 37

8. Uso di Nos Bos 45

9. E Ròl di Idioma 53

10. Uso di Aparato 61

11. Evaluashon 67

12. Toastmasters International 73

    Tokante e Outor 81

1

Komunikashon

Mashá hopi hende por papia, pero lamentablemente tin muchu hende ku no por komuniká. E yabi di komunikashon ta: skucha.

Seguidamente nos mester siña tene nos boka será i pensa. Esaki ta pa nos kontrolá e lenga, pa e no bisa loke *e* ke, sino loke *nos* ke, na e *manera* ku nos ke.

Finalmente, nos ta habri nos boka pa papia.

Semper papia nèchi ku hende. No insultá, ni ofendé, ni brongosá, sino, edifiká, stimulá i motivá.

Pues, pa siña komuniká, nos mester siña skucha promé, despues pensa i finalmente papia.

Skucha

Tende i Skucha definitivamente no ta meskos.
Nos por tende radio ta toka, sin por bisa despues kiko e lokutor a kaba di bisa.
Nos por relatá loke a papia na e radio ora nos skucha, ke men ora nos pone atenshon.

Nan sa bisa ku mester di dos hende pa komunikashon por tuma lugá.
Dos hende tin un diskushon ferviente ku otro pa basta ratu. B'a disidí di sigui e interkambio. Na dado momento bo ta realisá ku nan tur dos ta bisando kasi meskos, pero na diferente manera. E problema ta ku nan no ta skuchando otro. P'esei e diskushon ta sigui ketu bai i nos nó por bisa ku tin komunikashon.
Ora un hende ta papia ku su mes, nos tin e tendensia di kalifik'é komo loko.
Pero si e ta skuchando su mes, e no ta loko. Al kontrario, e ta komunikando ku su mes! Por ehèmpel: un deportista na un momento krusial por animá òf trankilisá su mes pa logra e resultado ku e ta deseá.

Ora bo superior ta dunando bo instrukshon, pone atenshon. Si bo no skucha, e chèns ta grandi ku bo ta ehekutá bo tarea robes. Asta si e instrukshon no tabata korekto, e trahadó lo por karga e vra.
Ora un empleado ta papia ku su hefe, e último no mester pensa ku e sa kaba kiko e empleado ta bai bisa òf puntra. E mester skucha, pasobra e ta siñando e empleado

kon e mester pone atenshon ora un otro hende ta papia. Na mes momento e por kapta loke e empleado ta trese dilanti.
Ser humano ta un kreashon mas elevá ku animal.
E por pensa, analisá, diskutí, pone idea riba papel, konta chiste, hari pa kos prèt i muchu mas. Awor, kon bini animal ta komuniká mihó ku hende?
Simplemente pasobra nos nó ta skucha!

80% di fayo di komunikashon ta pa falta di skucha.
20% ta pa motibu ku loke a bisa no tabata korekto.

Na un empresa ku ta bende material di konstrukshon un hefe a instruí un di su empleadonan pa trese un garoshi paden i despues bai pafó.
Despues di mei ora e empleado ta pará pafó ketu bai. Su hefe a puntr'é kiko e ta hasiendo pará pafó na lugá di traha. E empleado a reakshoná mashá indigná, ku el a ehekutá su instrukshon 'al pie de la letra'. E hefe a kontest'é: 'Mi amigu, b'a bòltu e instrukshon!' B'a bai pafó promé, despues b'a trese e garoshi paden.'
E empleado a puntra: 'Pero kon mi por trese e garoshi paden si mi no bai pafó promé?' 'E pregunta akí bo mester a hasi na momento ku b'a risibí bo instrukshon' su hefe a splika, 'kòrda, bo ta hende, no robòt'.

Ora bo risibí un instrukshon, skucha bon i kuestioná, si e no ta zona bon òf si bo tin duda.

Ora bo duna un instrukshon, sòru pa e ta komprensibel, di moda ku no por interpret'é robes.

Pensa

E espasio ku nos tin ku krea entre skucha i papia ta pa nos pensa.

Hende sabí ta pensa promé ku nan papia.

Esaki no ke men, ku si bo no papia, bo ta sabí.

E ta nifiká ku bo ta minimalisá e posibilidat pa bo papia kos di hende bobo.

Evitá di reakshoná emoshonalmente òf na un manera impulsivo, pasobra e palabra ku sali for di nos boka, nos no por hal'é bèk. Pa nos por kontrolá nos lenga, nos mester pensa promé ku nos papia.

Nos no mester kai den trampa di niun provokashon, sino pensa kiko ta e mihó manera pa reakshoná, promé ku nos kontestá. Nos no mester laga niun hende pone nos bisa kos ku nos lo lamentá despues.

Praktikando e sistema akí, nos ta bai siña pensa mas rápidamente.

Asta nos lo siña pensa miéntras nos ta skuchando.

Papia

Esun ku papia ta responsabel pa tur kos ku sali for di su boka.

Ora nos papia, nos ke pa hende skucha nos, pesei no ta solamente loke nos bisa, sino tambe e manera ku nos bis'é ta importante.

Nos no ta papia ku boka so.

Nos aktitut, kontakto ku wowo, ekspreshon di nos kara, kurpa i nos forma di reakshoná, tur ta transmití un mensage.
Tene kuenta ku hopi biaha nos ta komunikando inkonsientemente. I keremi, tin hende ta skuchando!

Ki ora ku nos ta bai papia, nos mester sa kiko e meta ta, pa nos por logra nos ophetivo.
Nos propósito por ta pa:

Informá	- nos tin sierto dato ku nos ke kompartí ku otro hende
Motivá	- nos ke pa un hende òf un grupo disidí di tuma sierto akshon
Inspirá	- nos ke kompartí pensamentunan òf sintimentu ku ta elevá hende
Eduká	- nos ke siña hende algu ku nos sa
Persuadí	- nos ke konvensé un otro, a base di rasonamentu, pa hasi algu
Entretené	- nos ke laga nos oudiensia dibertí
Bende	- nos ke pa un persona òf grupo 'kumpra' un produkto òf idea

Por traha un kombinashon tambe. Por ehèmpel: *Eduká* ku *Entretené*. Hende ta siña mihó ora nan ta dibertí nan mes.

Esun ku ta papia ta responsabel pa e oudiensia skucha i kapta e mensage.
Si mi splika algu i bo no komprendé, ta *mi* falta.

Si mi splikabo na dos òf tres manera diferente i ainda bo no a komprendé, ta *mi* falta.

Asta despues di splika na sinku otro manera sin resultado positivo, mi no por kalifikábo komo dòmferstan. Lo mi tin ku splikabo a la dòmferstan, pasobra *ami* ta keda responsabel pa bo komprendé.
Evitá ekskusa manera: 'no t'asina mi tabata ke men', 'bo no a komprendémi', 'bo no a skucha bon',
ku ta poniendo e falta serka esun ku ta skucha.

Kòmbersá ku bo oudiensia!
Evitá di tira diskurso, pasobra hende no gusta skucha diskurso mashá. Pesei nos no ta tira diskurso ora nos ta papia ku otro, al kontrario nos ta kòmbersá ku otro.
Esei ta muchu mas agradabel, natural i personal.
Laga diskurso pa eventonan ofisial.

Tin diferente téknika ku nos por apliká pa obligá kualke oudiensia skucha nos, pa nos mensage por penetrá:
- nos mester sa ku ken nos ta bai papia,
- semper skohe un tópiko adekuado,
- strukturá loke nos ta bai bisa,
- kòrda ku e kurpa tambe tin ku papia,
- ku e variashon di bos ta importante,
- ku e eskoho di palabra ta duna realse i
- ku nos entusiasmo pa lòs loke nos tin na kachete lo magnetisá e oudiensia.

2

Análisis di e Oudiensia

No laga niun pia di palabra sali for di bo boka, sin sa ken ta pará òf sintá bo dilanti.

Hasi bo hùiswèrk mas ekstensivamente posibel. Lo bo ripará ora e momento yega, ku e oudiensia ta konosí, maske tin hopi kara deskonosí bo dilanti. Buska kontesta pa e siguiente preguntanan:

Ku ken mi ta bai kòmbersá?
  - *Edat:*
Tin un diferensia enorme si bo ta bai papia ku mucha, adolesente òf hende grandi. Nos lo tin ku adaptá nos lenguage, dependiendo di e grupo en kuestion.

- *Sekso:*

Generalmente nos por ta mas tékniko/analítiko ora nos usa ehèmpel papiando ku hende hòmber.

Miéntras ku hende muhé sa reakshoná mas lihé ora presentá aspekto òf ehèmpel di índole mas emoshonal/sentimental.

- *Edukashon:*

E studiantenan di universidat mester di ménos ehèmpel òf splikashon, ku esnan di VSBO, pasobra nan ta kapta kos mas lihé. Si nos no tene kuenta ku esaki, e hóbennan universitario lo fada i esnan di VSBO lo no komprendé tur kos.

- *Status sosio-ekonómiko:*

E interes di un hende ku tin ku lucha pa sobrebibí ta diferente for di esun ku por kumpra loke e ke, ora ku e ke. Den un bario pudiente ningun hende lo ta interesá den un disertashon riba ònderstant. Pa purba bende pisina den un bario marginá, ta asta un insulto.

Kiko e grupo tin komun?

Amistat, trabou, hòbi, kousa, interes? Ora ta bai usa un ilustrashon, ta bon pa tene kuenta ku e faktornan akí. Ta nifiká ku nos a prepará spesialmente pa nan.

Kiko ami tin komun ku mi oudiensia?

Unda ami por identifikámi ku nan i vise vèrsa?

Na kuminsamentu di un presentashon na Aruba e sala tabata friu pasobra un yu di Kòrsou a bin papia ku nan i no pasobra e tèrmostat di e èrko tabata muchu abou.

Ora m'a splika mi oudiensia ku m'a biba dies aña na Aruba, sinku na Sanikolas i sinku na Playa, di repente e sala a keinta. Mi por a lesa nan pensamentu riba nan kara: 'Holó, e ta un di nos!' Tur barera a kita, pa mi mensage por a penetrá.

Kiko nan sa di mi tópiko kaba?

Nunka konta hende loke nan sa kaba. Si e tópiko ta konosí, tres'é for di un ángulo, ku elemento deskonosí pa e oudiensia. Si e tópiko no ta konosí, lo tin ku splika e kosnan básiko i e terminologia.

Pakiko nan a pidi ámi komo orador?

E ekspektativa ta relashoná ku e motibu ku ta buska un sierto oradó.
Por ta e konosementu i eksperensia di e orador relashoná ku e materia, su estilo, su fama, òf via referensia.
Sòru pa sa, pa kumpli ku, òf asta surpasá e ekspektativa.

Ki ora e presentashon ta?

Mainta tempran e oudiensia no ta prepará pa un tema pisá. Kuantu hende su desayuno ta konsistí di un 'T-bone steak'? E presentashon tampoko mester ta muchu agitá. E mester ta animá pa lanta hende su ánimo, sí.

Mèrdia òf nèt despues, e kuminda ta hunga un ròl importante. Pa evitá ku e kabesnan ta snuk i kousa 'whiplash', òf pa impedí hende purba skonde tras di un lomba hanchu pa sosegá e bòdi, sòru pa e presentashon ta bibu i yen di zjeitu.
Hasi e seshon interaktivo ku un toke grasioso.

Anochi, no laga alkohòl bira bo enemigu. Al kontrario, probechá dje echo ku e ta kuminsá pone hende relahá. Esaki lo fasilitá e proseso pa entretené e oudiensia.
Nos por kombiná edukashon, motivashon òf inspirashon eksitosamente ku entretenimentu.

Kuantu hende lo t'ei?
E kantidat di hende ta determiná bo posishonamentu.
Si e grupo ta chikitu, trata na para mas serka posibel di dje. Si e hendenan ta sintá plamá den un sala grandi, purba pa nan sinta den un forma mas kompakto.
Pa un oudiensia grandi, sòru pa sufisiente espasio pa bo por tin un bon kontakto di wowo (sin fòrsa e garganta) ku esnan sintá na ámbos ekstremo di e sala.
Un sistema di amplifikashon probablemente lo ta nesesario tambe.

Ki sorto di presentashon nan ta spera?
Nan ta spera algu serio, grasioso, edukativo, informativo, pa motivá, òf pa inspirá? Ta sumamente

importante pa sa kiko ekspektativa di e oudiensia ta. Kumpli kuné pa bo ta eksitoso. Keda sin kumpli ta nifiká ku bo no por impreshoná nan.

Un amigu di mi a haña un invitashon di un klup di servisio pa ta oradó durante instalashon di nan direktiva nobo. A hala su atenshon ku e evento ta 'black tie'. El a kore hiba su tuksido draiklin. El a prepará debidamente i a tira un diskurso di kalidat haltu. Pero el a risibí un aplouso ku nos por kalifiká komo 'aplouso di kortesia'. Nan ta bati man pasobra b'a papia, no pasobra nan a gosa loke b'a bisa. Despues di e evento el a bai kuestioná aktitut di e miembronan serka esun ku a invit'é. El a haña komo kontesta: 'Bo tin kurashi di reklamá, mi'n bisabo ku ta 'black tie'. Mi amigu a chèk su bistuario bisando: 'Ata m'a bisti mi tuksido'. A splik'é e ora ei: 'Kabayero, bo ta un oradó mashá grasioso. E intenshon tabata pa bo lòs e ambiente steif di 'black tie'.

Kiko e okashon ta?

E okashon ta determiná e tipo di presentashon. Un hubileo, un entiero, un kasamentu, un simposio, kada un ta eksigí su forma, basá riba e evento.

Analisá bo oudiensia hasiendo e preguntanan akí i kualke otro pregunta ku ta nesesario, pa bo preparashon ta adekuado i pa bo presentashon ta eksitoso.

3

Eskoho di un Tópiko

Nunka, pero nunka, papia di algu ku bo no sa un pátaka di dje!
Si tin ún hende den e oudiensia ku sa algu di e tópiko, e ta drùip bo, pasobra bo no sa kiko bo ta papiando di dje. Sòru semper, ku ora bo habri bo boka pa papia, bo ta un konosedó di e materia. Tin asina tantu kos ku ningun hende por sa mihó ku bo:

Estudio

Bo por konta di e materia ku b'a studia. Bo por papia di akontesimentunan durante bo estudio. Bo por elaborá riba e siudat òf país kaminda bo a studia.

Trabou

Tin trabou, ku si bo no ta den dje, bo no tin idea kiko e ta kome i bebe. Ta mashá edukativo, ora un hende por splika kiko e ta hasi tur dia, espesialmente si e ta tras di telon. Pa splika algu kompliká na un manera komprensibel, ta un arte.

Hòbi

Hopi hende tin un hòbi mashá interesante, pasobra e no ta algu komun i koriente.
Esaki ta hasié fásil pa mantené atenshon di e oudiensia.
Sinembargo, bo por logra mes efekto ku kualke hòbi, si bo kont'é ku hopi sous.
Un hende a splika kon e ta prepará un sukulento BBQ.
Diferente hende a remarká despues ku nan tabata hole e BBQ i ku nan mester a pone lensu na boka.

Eksperensia

Eksperensia ta nifiká: usa bo konosementu i siña di bo erornan. Nos tur a pasa den tur sorto di sirkunstansia, kaminda nos a haña sa, kon nó mester hasi algu. Nos por atvertí nos oudiensia pa nan no tin nodi di dal nan kabes manera nos a hasi. Si tabatin momentonan grasioso relashoná ku nos eror, no laga nan ked'afó.

Konosementu

Si tin un tópiko ku a interesábo i b'a lesa mashá hopi di dje, virtualmente b'a bira un eksperto riba e tereno ei. Mi amigu Prismo tabata mashá interesá den kosnan místiko i konsekuentemente el a lesa tur kos ku e por a haña tokante e tópiko akí. M'a skucha algun diskurso di dje riba diferente aspekto di e materia. Kada unu riba su mes tabata sumamente interesante.

Molèster

Si tin algu ku ta molestiábo, e por bira un tópiko ku hende lo ke skucha, pasobra e por ta hender nan tambe. Si nan no sa di dje, e por alertá nan. Sòru sí ku pa e problema, bo tin un solushon ku por resistí tur krítika.

Kreatividat

Tin hende mas kreativo ku otro, pero tur hende ta kreativo.
Maris su título tabata: 'Mi yabinan'. El a saka un bòshi di yabi, el a selektá un di nan, identifik'é komo su yabi di kas i a kuminsá konta kiko ta pasa den su mente ora e ta sera su porta di kas ora e ta sali i kiko e ta pensa ora e habri e porta ora e yega su kas bèk. El a selektá su yabi di outo, splikando kon bon e ta sinti ora e start su outo nobo, miéntras su mente tabata dualu riba e kachipin ku tabata dal e palu kada be. Asina el a elaborá riba su yabi di ofisina, esun di su klùis na banko i algun yabi mas.

Esakinan ta djis un par di ehèmpel di tópiko ku nos por usa pa un presentashon.

4

Organisashon di un Presentashon

Unabes nos tin sufisiente informashon di e konstelashon di nos oudiensia i nos a skohe nos tópiko, nos tin ku pone nos ideanan riba papel.
Di un simpel kòmbersashon ku un persona te un presentashon pa míles di hende, e mes fórmula ta aplikabel pa pone hende skucha nos.
Ki ora ku nos papia mester tin un:
- Kuminsamentu,
- Kontenido i
- Klousura.

Kuminsamentu

E kuminsamentu ta pa hala atenshon.
Bisa kiko ku bo ke, hasi kiko ku bo ke, pero hala
atenshon di bo oudiensia ku bo promé frase(nan) òf
moveshon. Tur kos ta pèrmití.
E úniko restrikshon ta, ku loke bo bisa òf hasi mester tin
relashon ku loke ta sigui.

Ata algun ehèmpel:
- *Un dicho òf un provèrbio.*

Skohe unu ku no ta komun i koriente. Hende no
gusta skucha loke nan sa kaba. Ku esei nan mester
sinti kuriosidat pa loke ta sigui.

- *Un kuenta.*

Hende gusta skucha un kuenta. Ten'é kòrtiku sí,
pasobra e no ta e esensia di bo presentashon.
E ta relahábo tambe, pasobra b'a kont'é diferente
biaha kaba. E por ta un kuenta den kua bo mes ta
figurá.

- *Un ponensia inusual.*

Ivan su título tabata: 'E animal mas feros na
mundu'. El a kuminsá puntrando su oudiensia:
'Kua ta e animal mas feros na mundu?' El a risibí
komo kontesta: 'leon, tiger, kolebra, leopardo'.
Ivan a keda sakudí su kabes. Despues e mes a duna
e kontesta: 'Hende!'

Bo por imaginábo e reakshon di su oudiensia: harimentu, kara inkrédulo, nengamentu. Na e momento ei, e tabatin atenshon di su oudiensia.

Ivan a sigui, dunando algun ehèmpel i esun ku mi ta kòrda ta ku e leon, e tiger, e kolebra e leopardo básikamente ta mata pa kome ora e tin hamber. Hende ta mata pa ko'i loko. Pesei hende ta e animal mas feros na mundu.

- *Un pregunta.*

Si ta *un* kontesta so tin i sala sa e kontesta, bo por lans'é. Bo sa kiko ta laf? Si ningun hende no sa e kontesta òf no ta prepará pa kontestá.

Un pregunta habrí riba un tópiko emoshonal por tin komo resultado ku hopi hende ta kontesta pareu i bo no por saka afó ken ta bisa kiko.

No konfrontá un persona di repente ku un pregunta. Anunsiá ku bo tin un pregunta. Hasi kontakto ku wowo ku un persona, trankilis'é ku un sonrisa bisando por ehèmpel ku e kontesta no ta difísil, ku e ta un persona inteligente i hasi bo pregunta.

Bo por hasi un pregunta ku tin solamente dos kontesta: A òf B. Preparábo, di moda ku kualke kontesta ku un hende skohe, bo por konekt'é ku bo kontenido.

- *Algu relashoná ku e okashon.*

Si bo ta dirigiendo e seremonia di un kolega ku a hasi 25 aña na trabou, no kuminsá manera hopi hende lo hasi: 'Bon tardi koleganan, nos a bini huntu pa nos selebrá 25 aña di servisio di Sr. X.' Mi ta garantisá boso ku mashá poko hende lo sigui skucha. Hasi bo oudiensia kurioso bisando por ehèmpel: 'Mi koleganan bon tardi. M'a hasi un investigashon i m'a haña sa hopi kos interesante ku a pasa den e 25 aña di servisio di Sr. X. E selebrashon akí ta hustamente e momento pa divulgá algun di e sekretonan bon wardá'.

Kòrda duna su hefe i e direktor informashon pa nan usa durante nan presentashon pa mantené e interes henter atardi òf anochi.

Kontenido

E kontenido mester tin un sekuensia lógiko.

E skuchadó(nan) mester por siguibo fo'i kuminsamentu te final. Un sekuensia lógiko no ta nifiká ku e ta kronológiko (segun tempu).

Si mi konta di e fiesta tremendo ku m'a bai djasabra último, lo mi no konta kiko a sosodé for di ora m'a yega fiesta te ora m'a laga kai òf te ora fiesta a kaba.

Lo mi hala atenshon, kontando ku e fiesta a kaba den un tángana formal: un persona mashá konosí den komunidat, a kome sla tratando di interpretí den e pelea di su baisait i su kasá ku a sorprendé nan. Ku e fiesta a kuminsá bon bon, ku hopi pasapalu sukulento i un servisio di bar tur afó. Ku niun hende no por a imaginá ku e fiesta lo a kaba ku un drama. Ku e banda tabata toka piesa super romántiko i riba pista di baile tabatin hopi primimentu, te ora Señora esposa a presentá.

Mi ta move bai bini, relatando diferente momento di e fiesta, pero e oudiensia por siguimi, pasobra e sekuensia ta lógiko.

Den e siguiente kapítulo nos lo splika kon ta logra e sekuensia lógiko for di den e preparashon.

Klousura

Ora klousurá, mester ta bon kla ku nos a terminá.
Teniendo kuenta ku nos propósito pa papia, den algun frase nos tin ku yega na final di nos intervenshon.

Ata algun ehèmpel :

- *Un resúmen*
  Tur loke nos a bisa den e kontenido, nos ta bisa den algun frase.

- *Un mensage òf konseho*
  A base di e eksperensia ku nos a saka for di e akontesimentu ku nos a pas'aden, nos por splika e skuchadó(nan) kiko nan mester hasi òf laga di hasi. Dia nan haña nan den un situashon similar, nan lo kòrda nos klousura i aktua di un manera sin perhudiká nan mes.

- *Un yamamentu pa akshon*

Despues di a splika un situashon òf trata di bende un produkto, nos tin ku terminá splikando kiko nos ke pa sosedé.

- *Algu relashoná ku e kuminsamentu*

Si nos a habri ku un ponensia, nos por sera ripitiendo nos ponensia, despues ku nos a duna prueba, ku nos ponensia ta korekto. Ta manera nos ta bati e martin riba e klabu.

Ivan a terminá su presentashon ku e mes pregunta ku el a hasi na kuminsamentu: 'Kua ta e animal mas feros na mundu?'

Su oudiensia a kontestá: 'Hende!'

- *Un dicho òf proverbio*

Abase di loke nos a trese dilanti, nos por konkluí bisando: 'Ta pesei nos grandinan semper a bisa:
'……………………'

Tin muchu mas manera pa klousurá.

E manera ku definitivamente **no** mester usa ta: 'Danki'.

No ta pasobra hopi hende ta us'é, ta nifiká ku e ta korekto. Alkontrario, e no ta lógiko.

Si un persona hasi aña, na momento ku e haña un regalo, e ta bisa: 'Danki'. Pasobra esun ku ta risibí tin ku yama danki. Imaginábo ku esun ku a trese e regalo ta entreg'é, bisando: 'Danki'. Tur hende lo hari, pensando ku su kabes no por ta bon. Esun ku ta duna no ta yama danki.

E orador ta duna, pues e no mester bisa: 'Danki'.
E *oudiensia* ta risibí i ta *e* ta yama danki ku aplouso.

Kòrda ku semper nos tin ku kòmbersá.
Ora nos ta kòmbersá ku ún hende, nunka nos no ta
terminá e kòmbersashon ku 'Danki'. Pues ora ta trata di
un grupo, nos no ta hasié tampoko.

Nos no ta yama danki pa e atenshon tampoko!
Si e orador ta responsabel pa mantené atenshon di e
oudiensia di prinsipio te final, kon e por yama danki pa
algu ku e mes ta responsabel p'e?

Si bo Kuminsamentu i bo Klousura hasi impakto, bo
oudiensia lo kòrda bo Kontenido.

5

Preparashon di un Presentashon

'Begin with the end in mind' - Stephen Covey.
(Kuminsá ku e final na mente).

Si bo sa kiko bo meta ta òf unda bo ke yega bo por alkans'é. Si bo sali kas i bo sa bo destinashon, bo por skohe for di diferente ruta, pero bo ta yega. Si bo no tin un destinashon, bo t'ei dualu.
No kuminsá skirbi òf papia sin sa unda bo ta bai terminá.
Sea bo ta desviá sin yega na un final adekuado òf na sierto momento bo ta realisá ku bo no sa unda bo ta bayendo.
E proseso ta inisiá na final.

Klousura

E preparashon ta kuminsá ku skohementu di un tópiko. Despues mester determiná e propósito. Seguidamente hasi un anotashon (un palabra òf un indikashon) ku ta reflehá unda ta bai kaba.

Kontenido

Traha un lista di tur e aspektonan di e tópiko ku por elaborá riba dje. Mas largu e lista ta, mihó.
Tuma algun dia pa hasi esaki.
Ku e tópiko na mente, lo bo kai riba diferente punto mas lesando korant òf un revista, mirando televishon òf papiando ku hende.
Ta posibel pa usa un par di punto so, pero riba kada punto mester por elaborá ekstensamente.

Awor mester pone órden den e desórden, pasobra e lista ta bruhá. Nota e promé punto di e lista i añadí tur otro punto ku ta relashoná ku e punto ei. Sigui e proseso akí te ora b'a agrupá tur punto. Den kada grupo, numerá e puntonan segun un sekuensia lógiko.

Nota kua grupo ta mas serka di e anotashon kaminda ta bai kaba. Esaki ta bira e último grupo. Pone e otro gruponan den un sekuensia lógiko.

Kuminsamentu

Ku bista riba e promé grupo, pensa riba un bon Kuminsamentu i pone esaki riba papel. Dje forma akí e Kuminsamentu lo konektá korektamente ku e promé punto di e promé grupo.

Kontenido

Sigui e sekuensia di e promé grupo.

Promé ku kaba ku tur e puntonan di un grupo, tira un bista riba e siguiente grupo pa garantisá un transishon suave di un grupo pa otro.

Hasi meskos ku e último grupo i e anotashon kaminda ta bai kaba.

Klousura

Ora kaba ku e último grupo nos ta kla pa skirbi un Klousura impaktante.

Repasá e presentashon di kuminsamentu te kabamentu pa sinti si e ta kana ku un fluho natural.

Midi e tempu

Si e ta mas largu ku e tempu disponibel, no ta problema. Alkontrario, pa hasié mas kòrtiku ta mas fásil ku purba alarg'é.

Agregando mas punto na final, por daña e sekuensia lógiko.

Pa redusí e tempu por:
- saka loke ta ménos importante
- eliminá ripitishon innesesario
- hasi un alínea mas konsiso (bisa meskos ku ménos palabra òf frase)

Koregí erornan gramatikal

Ta muestra di falta di nivel, di preparashon i di rèspèt pa e oudiensia si no hasi e ehersisio akí.

Si bo tin duda, konsultá un hende ku ta versá den e idioma ku bo ta usando.

Título

E título ta e nòmber ku ta duna un presentashon, un buki òf un pelíkula.

Su intenshon ta pa hala atenshon riba e kontenido.

Si e ta muchu largu e ta pèrdè impakto.

Tin título direkto i título indirekto.

Esun direkto ta bisa klaramente kiko e kontenido lo ta.

Esun indirekto por duna un indikashon òf bo no por diserní ètòl ki direkshon e orador lo bai.

Un título por kontené un intriga tambe pa loke ta e kontenido.

Normalmente ta pone título ora e presentashon ta kla. Si bo tin un título na mente promé ku kuminsá, mester averiguá si e ta kuadra ku e kontenido ora terminá.

Usa kreatividat i originalidat pa produsí un título.

Ruthmila su título pa su promé Speech Contest tabata:'A Needle in a Haystack'.

El a elaborá riba e difikultat ku e tabatin pa haña un gai na drechi.

Su promé yònkuman tabata muchu yalurs. El a dank e.

E siguiente tampoko tabata adekuado. El a dank e tambe.

Despues el a topa un gai gai mes. E no por a haña

ningun falta, tur kos tabata tremendo. El a kuminsá sintié felis, te ora el a haña sa ku esaki tabata kasá.
Hòmber drechi a bira skars.

'From Ordinary to Extraordinary', ta título di un di mi presentashonnan premiá den Speech Contest Internashonal. E ta relatá e echo ku tur hende ta nase komo un ser komun pero ku un simia ku un potenshal enorme den dje i kon tin ku kultivá i desaroyá e simia, pa bira un persona ekstraordinario.

Algun tep:
- Preferiblemente usa 'font 14'.
  Traha e presentashon den alinea.
- Semper kuminsá un frase nobo na man robes.
- Usa un banda so di un blachi, pa no mester bòlt'e.
- Numerá kada blachi.

6

E Presentashon

Promé ku e momento yega pa bai dilanti, lo bo sinti poko kos straño:
- ta manera hopi barbulètè ta move den bo stoma
- bo kurason ta bati ku un ritmo aselerá
- bo ta halando rosea na un manera hanshá
- bo boka di repente a bira seku
- bo no por kòrda nada ku b'a prepará pa bisa

No ta un atake di nèrvio!
Ta algu normal i lo bo sintié tur biaha ku bo tin un presentashon.

Pa motibu di e tenshon relashoná ku e okashon, bo kurpa ta produsí un hormona ku yama 'adrenalina'.
E hormona akí ta energia i ta algu bon, pasobra e por lagabo krese na un nivel mas haltu ku bo ta kere.
Bo tin ku domin'é, sino e ta dominábo.
Pa logra esaki mester inhalá profundamente, konta te tres i ekshalá. Ripitié si ta nesesario i kada biaha ku bo sinti un òf mas di e síntomanan menshoná.
Tene kuenta ku e síntomanan por presentá durante bo presentashon tambe. Apliká e téknika mesora.

Den e kapítulo 'Kurpa na Palabra' lo mi splika kon mester usa e energia akí efektivamente i efisientemente. Si bo no usa e energia, e ta usabo.

Ora yega tras di e mesa di oradó, pone bo papel(nan) mas ariba posibel. Dependiendo di e tamaño di e mesa, pone mas tantu papel posibel banda di otro. Si no tin sufisiente espasio pa tur blachi, pone sobrá blachi riba mesa un poko lòs for di otro di moda ku por hala kada un sin problema. Kustumbrá ku ún sistema: sea ta hala di robes pa drechi òf di drechi pa robes. No bòltu e blachi ku b'a kaba kuné. E oudiensia no mester ripará ku bo ta usando bo notanan. No nit e blachinan na otro ni usa peperklep tampoko.
Hala atras te mas òf ménos 20 cm. di e mesa di oradó i evitá di mishi ku e mesa. Pues no tene e mesa i no lèn riba dje tampoko. Si mishi ku e mesa, ta a propósito ta hasié.

Inhalá. Hisa kara opservá bo oudiensia moviendo bo bista di robes pa drechi. Mientrastantu bo ta ekshalá. Inhalá, pa bo promé palabranan sali ku forsa i entusiasmo.

Tur hende tin un posishon konfortabel, ku e por para pa basta ratu sin kansa. Buska pa sa unda di bo ta. Sino, bo por hañabo ta busk'é durante bo presentashon i keremi no ta agradabel den bista di e oudiensia ora bo ta balia di un pia pa otro.

No siña bo presentashon for di kabes!
Shon Memoria ta un tremendo gai, pero e no por ku preshon ni tenshon. Si bo ta papiando for di memoria, algu por sosodé ku bo no por kòrda kiko ta sigui. Bo ta bai pone preshon riba Shon Memoria i e ta bai lagabo na kaya. Mas preshon bo buta, mas tèrko e ta bira. Konsekuentemente bo ta blòkia i niun palabra no ta sali mas for di bo boka.
Ta solamente dos parti di bo presentashon bo mester sa fo'i kabes: e Kuminsamentu i e Klousura.

Nos mester internalisá e presentashon. E mester bira henteramente parti di nos.
Lesa e promé alinea di e Kontenido un par di biaha. Lo bo detektá un palabra òf pida frase, ku ta ponebo kòrda kiko tin den henter e alínea. Hasié mas diki, hailait e òf hala un strepi kòrá bou di dje. Hasi meskos ku tur sobrá alínea.

Hasi uso di bo notanan sin ku e oudiensia ta ripará. Praktiká presentando e promé alínea. Promé ku bo kaba, tira un bista riba e palabra òf pida frase ku b'a hasi diki, hailait òf hala un strepi kòrá bou di dje den e siguiente alínea. Hasié sin baha bo kabes. Baha bo wowo so. Bo por hasi esaki pasobra bo papel(nan) ta pone haltu riba e mesa di oradó.

Sabiendo kiko ta sigui lo trankilisábo. Ora kaba ku e promé alinea, hala rosea ku bista riba e oudiensia i despues sigui papia. E yabi ta antisipashon.

Aplik'é pa tur e siguiente alíneanan.

Despues di tempu, bo notanan lo konsistí di un lista di e puntonan ku b'a hasi diki, hailait òf pone un strepi kòrá bou di dje.

No ta rekerí pa bo bisa delaster un palabra eksaktamente manera ku bo tin e riba papel. Ta e esensia di bo pensamentu mester bini dilanti. Ta mashá normal pa bo trese un òf mas palabra òf frase, distinto di loke b'a prepará. Pesei kòmbersando ku bo oudiensia ta kita mashá preshon. Praktiká pa garantisá un presentashon óptimo.

Nunka diskulpá!
Un diskulpa ta informashon pa e oudiensia ku e no ta bai haña e mihó di loke bo por presta. Suponé ku bo presentashon ta bal un 8. Nan lo dunabo un 6, pasobra bo mes a anunsiá ku lo e no ta haltu.

Si e stèm ta poko ronko, no tin nodi di diskulpá,

pasobra e oudiensia lo ripará tòg. Sinembargo, bo por usa bo kreatividat ora e faya durante bo presentashon i bisa por ehèmpel: 'Danki Dios no ta piropo m'a bin tira awe nochi. Lo mi no por konkistá niun dams.
Aunke … m'a yega di tende ku un stèm hers ta sèksi'.
Di e manera aki bo a hasi algu negativo, positivo.

No hala atenshon riba un fayo insignifikante, koregiendo esaki. Sigui bai i e kalidat di bo presentashon lo sòru ku e no ta hasi influensha. Na final, kasi niun hende lo kòrda e fayo.

Pone atenshon na bo manera di bisti komo orador. Kòrda puntra kiko e kódigo di bisti pa e evento ta.
'It is better to be *over*dressed than *under*dressed'.
No ta problema si e oudiensia no tin bachi bistí i e orador sí. Si e oudiensia tin flus bistí i e orador nò, esei si no ta keda nèchi.

No bisti paña ku no ta konfortabel. E tenshon ta pone ku bo ta bai mishi pa koregí òf ahustá. Esaki lo por sakabo for di bo konsentrashon òf pone hende haribo.

Tene kuenta ku protokòl di mesa di orador.
Despues di Introdukshon di e orador, e Maestro di Seremonia ta warda e orador yega pa entreg'é e mesa di orador. Den kaso formal asta por duna otro man. Na final di su presentashon, e orador ta warda e Maestro di Seremonia yega, pa entreg'é e mesa bèk.

7

Kurpa na Palabra

Nos oudiensia ta oudio-visual. Esaki ta nifiká ku nan no por skucha ku orea so. Nan ta skucha ku orea i ku wowo. Pues no ta e boka so mester ta na palabra, sino e kurpa tambe.

Tin 4 tipo di lenguahe di kurpa:
   a. *Deskriptivo*   - pa klarifiká
Si bo menshoná un gai grandi, bo por klarifiká esaki mustrando bo oudiensia (asta eksaherando un poko) ku bo brasanan, ku bo ke men realmente grandi.

b. *Sugestivo*   - un idea òf emoshon

Si bo ta papiando di algu tristu bo kara i kurpa tin ku mustra e emoshon ei, pa bo oudiensia sinti loke bo ta sinti. Meskos ta konta pa algu alegre.

c. *Provokativo*   - pa (re)akshon di oudiensia

Si bo laga bo oudiensia ripití un palabra òf un frase, un biaha, dos biaha, nan lo bis'é e di tres biaha riba un indikashon di bo. Asta bo por aplik'é pa nan klousurá bo presentashon p'abo.

d. *Enfátiko*   - pa pone énfasis

Bo por bisa: '*m'a dal e*' na diferente manera. Pero mas pisá e sla a kai, mas énfasis lo bo pone ekspresando bo mes. Alabes bo kurpa tambe lo ekspresá forsa di e sla. Purba meskos ku: '*m'a sunchi e*'.

Lenguahe di kurpa ta nesesario, pa:
- e vitalidat durante bo presentashon
- usa e energia di e hormona
- dramatisá bo ideanan
- mihó visibilidat pa bo oudiensia

Si bo para papia manera un estatua, bo oudiensia lo pèrdè interes i kuminsá wak otro kaminda, buskando moveshon òf akshon. Si bo move di mas, nan por haña ku bo ta muchu drùk, òf ku bo ta un payaso. No ta tur palabra mester di un ekspreshon di kurpa.

Na final di un kurso di 'Public Speaking', Hans (un di

e dos direktornan di un kompania) a tira un diskurso pa su managernan. Hans ta hulandes i mi mester a traha mashá kuné pa el a siña usa su kurpa. Ora m'a puntra e managernan pa nan komentario riba e presentashon, un di nan a bisa: 'Hans, eerlijk, dit is de eerste keer dat ik met aandacht, van begin tot eind naar je geluisterd heb, omdat je je lichaam hebt gebruikt'.

Bo kurpa mester move di un manera natural, funshonal i spontáneo.

Natural: No kopia di otro. Sea bo mes. Si bo ta kere den loke bo ta trese dilanti, ekspres'é.

Funshonal: loke bo ta hasi mester kuadra ku loke bo ta bisa. No move bo kabes indikando nò, miéntras bo ta bisando sí.

Spontáneo: No siña loke bo ke hasi fo'i kabes.

Praktiká dilanti di spil, te ora bo ta sintibo konfortabel ku loke bo ta mira. Durante bo presentashon esei lo mustra spontáneo.

Bo kara mester ta un refleho di loke bo ta bisando. Biba loke bo ta tresiendo dilanti. Kere den bo mensage. Usa tur arma na bo disposishon pa konvensé bo oudiensia.

Bo wowonan ta hunga un ròl sumamente importante. Esun ku ta konsehá pa wak riba kabes di e hendenan den sala no tin noshon di loke e ta papia.

Un dama ta sintá kant'i laman riba un banki ku su yònkuman, ku tin e bon brasá miéntras músika romántiko ta saliendo for di un CD-player riba e banki. Ku bista riba luna yen i briante, haltu na shelu nan dilanti, e kabayero ta deklar'é su amor.

E dama no a reakshoná, pasobra e kabayero no a wak e den su wowonan. E wakmentu den wowo ta nesesario pa e dama mira si su namorado ta papiando bèrdat. Meskos, si bo no wak bo oudiensia den wowo, bo kredibilidat lo ta mashá abou.

Si un hende ta papiando ku bo i e ta blo drei mira tur otro kaminda i su wowo ku di bo no ta topa, kisas e por ta tímido, pero lo bo duda den su palabranan.

Ora bo ta splikando algu i bo ta wak den un hende su wowonan, lo bo mira si e ta komprendiendo òf nò. Si e wowonan ta skèrpi e ta ku bo. Ora e no komprendé, su wowonan ta bira glas. Usando un otro ehèmpel lo por pone e wowonan bira spièrtu atrobe.

E téknika pa wak un hende den wowo, ta di identifiká e punto kaminda e liña horizontal entre e wowonan ta krusa e liña vertikal di e nanishi. Konsentrá riba e punto ei ora bo ta papia ku un hende. Un sala grandi ta konsistí di hopi individuo. Apliká e téknika akí ku tur hende den e sala, ku bo disidí di enfoká riba dje.

Ora bo wak den wowo di un hende den e sala sintá dilanti, lo tin un grupo chikí rondó di e persona ei, ku lo sinti ku b'a wak nan tambe.

Ora bo wak den wowo di un hende den e sala sintá mas patras, lo tin un grupo mas grandi rondó di e persona ei,

ku lo sinti ku bo tin atenshon pa nan tambe.
Asin'akí ta bira fásil pa bo logra, ku tur hende lo sinti
ku bo ta papiando ku nan.

Pa praktiká e téknika akí, aplik'é ku tur hende ku
bo tin kontakto kuné.
Esnan ku baha nan bista lihé no ta basta fuerte pa hasi
abo mas fuerte. No abusá di nan tampoko. Esun ku abo
tin ku baha bo bista p'e, esei ta bira bo midí. Keda
praktiká ku otro hende, pero bai bèk pa esun ku ta muchu
fuerte p'abo. Despues di tempu, lo bo krese i keda sin
baha bo bista p'e. Si tin mester, buska un otro persona ku
ta mas fuerte kuné.

Ta un asuntu di poder. Ora b'a bira fuerte lo bo
para dilanti di un oudiensia i nan lo sinti ku bo tin e
poder, pasobra abo sa ku bo tin e.

For di momento ku bo hisa kara, mira e oudiensia,
promé ku bo ekspresá bo promé palabra, abo i nan lo sa
kuant'or tin.
Bo bista lo reflehá onestidat, sinseridat i konfiansa den
bo mes.

Pa un entrevista dilanti di un kámara e sistema mas
adekuado i efektivo ta: keda mira e entrevistadó miéntras
bo ta skucha su pregunta. Despues bira pa e kámara pa
duna bo kontesta. Marka un krus imaginario den e lèns di
e kámara i fiha bo bista kaminda e liñanan ta krusa otro.

Esei lo tin komo resultado ku esnan sintá dilanti di nan televishon ta sinti ku ta ku nan bo ta papiando. Nan lo tin difikultat pa kita nan bista for di e pantaya.

Evitá distraishon.
Embolalia (palabra ku bo ta ripití, pero ku no ta bisa nèt nèt nada) ta un distraishon i asta por bira un iritashon: o.k., ya, uhhhhhhm, en todo kaso, lagami pon'é asin'aki, wak, laga nos bisa, b'a komprendé?, ta djis algun ehèmpel.

Sòru ku bo man ta bashí ora bo ta bai papia.
Un pèn òf un peperklep lo bira un distraishon, pasobra bo ta bai hunga kuné i bo oudiensia lo ta pendiente pa e kai. No kita brel, bisti brel. Laga e brel pa lesa trankilamente riba punta di bo nanishi.

Dama, no bisti rench'i orea ku ki ora ku bo bira bo kabes di un banda pa otro e ta hasi zonido òf e ta balia.
Si tin hopi lus, no bisti un shimis tur na payèt ku lo reflehá lus den tur direkshon.
Si tin lus fuerte i kayente, manera den studio di televishon, apliká makiyage leve. Muchu makiyage ta visibel pa e televidente i e por kuminsá choria.
No yena bo man ku muchu armbant, pasobra nan lo zona ora bo move bo mannan.

Kabayero, no hinka man den saku. E tenshon lo ponebo hunga ku e sèn largá òf ku e yabinan den bo saku.

Kana ku un mota ku puiru, pa evitá un frenta ku ta lombra si bo tin ku presentá na televishon. Ta mashá normal ku ta makiyá e presentadónan, hende hòmber i hende muhé, promé ku nan para òf sinta dilanti di e kámara.

No kana bai bini sin motibu.
Kada moveshon mester tin su propósito i mester ta funshonal.
Moveshon pa hala dilanti, yegando mas serka di e mikrófono, ta indiká ku bo ta bai bisa algu ku otro hende no mester skucha, algu entre abo i e oudiensia so. Stail di un 'informashon sosial' (redu).

Un paso atras, ta indiká un pousa. Sea pa e oudiensia hari òf pa permití nan graba den nan mente algu importante ku b'a kaba di bisa.
Asina tambe e oradó ta determiná kuantu tempu e ta permití pa hari òf pa registrá. Ora e hala dilanti atrobe, ta señal ku e ta bai sigui papia.

Moveshon lateral, ta indiká transishon di un punto òf aspekto pa un otro.
Si hala na man robes di e mesa di orador pa splika e promé punto, ta bai na otro banda di e mesa pa e siguiente punto. Por hasi uso di e transishon pa spik tambe, pasobra pasando e mesa di orador bo por tira bista riba bo notanan.
No kana bai bini papiando. Esaki por difikultá e kontakto

di wowo ku e oudiensia. Para papia, kana, para papia.

Si mester papia kanando, ta pasobra no por otro i bo ta hasié a propósito.

Den un sala grandi, no ta rekomendabel para papia un kaminda so. Pa splika un punto mas detayadamente, move lateralmente i atendé ku e grupo bo dilanti. E ta yuda mantené atenshon di e oudiensia i nan ta sinti ku bo ke ta mas íntimamente ku nan.

8

Uso di nos Bos

E hèrmènt prinsipal di un orador ta su bos, ku ta e medio pa transmití su mensage.

Mester konos'é, kuid'é i us'é óptimamente.

Meskos ku un kantante, un oradó tin ku inhalá sufisiente airu pa garantisá volúmen. Un manera simpel pa logra ekspandé e kapasidat i forsa di e pulmonnan, ta suplando blas regularmente.

Pa nos papia, airu ta sali for di e pulmonnan bini ariba, topa ku e kuèrdènan vokal, ku pa medio di vibrashon ta sòru pa tono.

Ta e tamaño di e kuèrdènan vokal ta determiná si e tono ta haltu òf abou. Kuèrdè vokal largu i delegá ta produsí un tono haltu. Kuèrdè vokal kòrtiku i gordo, ta sòru pa un tono abou. Kompará esaki ku e kuèrdènan di un kitara.

Despues di e kuèrdènan vokal e airu ta yega na e boka, kaminda nos lenga, djente, lep i kakumbein ta influensiá e forma ku e palabra(nan) ta sali.

Nos mester praktiká regularmente pa mantené e fleksibilidat di nos lepnan, lenga, i kakumbein.
Si nan bira floho, nos lo guli pida palabra, nos boka lo no habri sufisientemente i kada biaha nos lo tende 'ablif', di esnan ku nos ta papiando kuné.

Ehersisio pa lep:
- Rèk e lep di abou riba e lep di ariba, despues hasi nèt kontrario.
- Rèk e lepnan manera ta duna un sunchi, despues produsí un sonrisa di orea pa orea.

Konsentrá riba e lèternan: b, f, m, p, v, w.
Ripití e siguiente sílabanan pokopoko despues subi e velosidat:
Ba - mi - ba - mi - ba - mi
Bo - por - bo - por - bo - por
Fa - ma - fa - ma - fa – ma
Vi - bra - vi - bra - vi - bra
Wa - fel - wa - fel - wa – fel

Ehersisio pa lenga:
- Manda bo lenga ariba i hal'é mas patras posibel. Despues sak'é mas leu posibel, i mov'é di un banda pa otro.
- Hasi bo lenga rondo i sak'é for di bo boka, hal'é bèk paden.

Konsentrá riba e lèternan: d, l, n, r, t.
Ripití e siguiente sílabanan pokopoko despues mas lihé:
Da - tu - da - tu - da - tu
Di - no - di - no - di - no
Rè - li - rè - li - rè - li

Ehersisio pa kakumbein:
- Habri bo boka hanchu manera ora bo ta hap.
- Move bo kachete di robes pa drechi.
- Manda bo kachete dilanti i mand'é patras.

Pronunsiá e lèternan a, e, h, i, k, o, u.
E palabra 'hari' porehèmpel, por zona mashá mahoso (boka muchu habrí). Forma e boka adekuadamente pa e sali nèchi.
Opservá un kor kantando haleluya, kon nan ta forma nan boka, pa e kanto ta agradabel pa nos orea.

Ora bo ta introdusí bo mes, no murmurá bo nòmber, si bo ke pa nan kapta loke bo ta bisa, pero apliká:
- *Artikulashon*, ku ta referí na kon bon i kla bo ta formulá bo palabranan;

- *Pronunsiashon,* ku ta e formashon i ekspreshon di palabra na un manera korekto;
- *Enunsiashon,* ku ta reflehá kon yen e palabranan ta resoná.

Tin diferente manera pa bisa : 'Kumbai'.
Bis'é na un manera:
- Kontentu
- Brutu
- Fadá
- Amoroso
- Rabiá
- Sin sous
- Super kontentu

Tene kuenta ku papiando na telefon, hende por desifrá bo estado di ánimo, basá riba e manera ku bo ta ekspresá bo mes. Evitá di duna un impreshon robes. No daña bo imágen inkonsientemente tampoko.

Esnan ku a yega di lesa òf konta un kuenta pa mucha bai drumi, lo konfirmá ku nan a faya den nan intento, pasobra e mucha no a pega soño. Al kontrario, ku wowo hanchu habrí e ta pidi un kuenta mas. Si konta e siguiente kuenta sin sous i sin zjeitu, e mucha ta pega soño mesora, pa motibu di monotonia di e bos.
Meskos lo sosodé ku nos oudiensia. No warda te ora bo tende hende ta ronka, pa realisá ku bo tin mester di variashon di bo bos. Prepará pa papia ku entusiasmo i pa

konvensé bo oudiensia di bo punto di bista. Bo entusiasmo lo bira kontagioso.

Abo primordialmente, mester kere den loke bo ta presentando. Tene kuenta ku bo propósito i usa tur bo konosementu i abilidatnan pa logra bo meta.

Hasi e siguiente ehersisio:

Baha bo kabes laga bo kachete yega na bo pechu.

Papia algun frase.

Sinta règt, manda bo kabes patras i wak plafònt.

Papia algun frase.

Tur dos posishon ta inkómodo pa bo papia.

Asta bo por sinti doló den bo garganta.

E posishon mas adekuado ta meimei di e dosnan ku b'a purba.

Si mi bai un ópera i mi ke paga pa un asiento te dilanti (promé fila), lo mi mester saka hopi sèn òf tiki sèn?

No ta bòkseo. Na un ópera, esnan sintá den palko tur bistí na smoking a paga mas tantu sèn. E kantante di ópera ta kanta pa nan. Sin muchu esfuerso i ku bon artikulashon su bos ta yega e palko.

Esaki nos ta yama: proyekshon di bos.

Si e baha kabes pa kanta p'ami, sintá su dilanti, e no por produsí un bos den optima forma.

Kòrda ku ora nos yega na e mesa di orador, nos mester pone nos papel(nan) mas ariba i hala un stap atras. Esaki ta pa nos papia pa e 'palko' i spik bahando nos wowo so i no nos kabes.

Dje manera akí, esnan sintá te patras den sala, lo por kapta tur palabra ku nos pronunsiá, sin ku nos tin di grita. Un ahuste chikitu di nos volúmen lo ta sufisiente.

E karakterístikanan di un bon bos:
- Plasentero : e tin kalor
- Dinámiko : e tin fortalesa
- Ekspresivo : e ta variá
- Fuerte : e ta proyektá
- Natural : e tin sinseridat
- Kla : e ta artikulá

Mikrófono

Un mikrófono ta simplemente un aparato pa yuda amplifiká nos bos.

Lamentablemente sa abusá muchu di dje.

Nos ta batié, supla den dje, posishon'é robes, lag'é kai i muchu mas.

No tene miedu di dje. Konos'é i trat'é manera un amigu.

Tin diferente tipo di mikrófono. Dependiendo di e uso, mester skohe esun adekuado.

Uni-direkshonal.

E yama asina, pasobra su kabes ta plat i bo tin ku papia direktamente den dje. E ta kapta zonido di ún direkshon so. Us'é ora tin zonido inevitabel rondó di bo, ku bo no ke pa e kapta. Pesei bo tin ku pon'é serka di bo boka.

Omni-direkshonal.
Su kabes ta bòl. E ta kapta zonido di diferente ángulo.
Pesei no ta nesesario pon'é serka di bo boka.
Pa minimalisá e efekto negativo di bientu, ta bisti'é un
spòns.

'Lavalier'.
Esaki nos ta pega na nos paña djis bou di nos kachete, di
moda ku no mester tene un mikrófono den man. Den
studio di televishon por ehèmpel e ta evitá ku tin ku pone
un mikrófono dilanti di kara di kada hende.

Tambe tin esun ku ta bisti na kabes òf na orea
E mikrófono ta delegá i banda di nos boka. E no ta
funshoná ku waya. E ta ideal ora nos tin ku move riba
esenario i nos ke pa nos mannan ta liber.

Posishon di e maik na e mesa di orador ta klave.
Si pon'é banda di e mesa di orador, ku su brasa krusando
dilanti di e orador, lo e ta inkómodo. Kada biaha ku un
orador presentá ku un estatura diferente, mester kambia
altura di e mikrófono.
Instalá un mikrófono omni-direkshonal meimei dilanti di
e mesa, na mas o ménos 10 cm. di altura for di e mesa.
Papia den su direkshon komo sifuera e ta un trèktu. Ora
bo hala na bo man drechi porehèmpel bo ta dirigíbo na e
oudiensa na bo man robes.
Kòrda baha bos ora bo hala mas serka di dje. Si bo tin
ku alsa bos, hala un poko atras.

E èmplifayer no ta regulá solamente e volúmen.
Si bo stèm ta haltu pidi pa baha e 'treble' i hisa e 'bas'. Si
e stèm ta abou hasi nèt kontrali.

Hasi un kontrol di zonido tempran, pa e tékniko sa
eksaktamente kon e ta konfigurá su ekipo ora abo ta bai
papia.

9

E Ròl di Idioma

Palabra skirbí ta diferente for di palabra papiá.
Palabra skirbí ta morto.
Palabra papiá ta bibu.
Ora nos ekspresá nos mes, nos palabranan ta haña sintimentu i nifikashon. Nos por revelá e kalor di amor, e pashon di emoshon, e dulsura di murmuyu di bientu.
Kòrda semper ku nos mester papia pa elevá, edifiká i inspirá.

Ora bisa ku un hende a usa 'palabra bon skohé', esaki ke men ku el a apliká un sekuensia lógiko, ku el a usa palabra komprensibel i ku el a bisa hopi ku tiki palabra. El a usa téknika ku a pone ku loke el a bisa a zona bon den orea di su oudiensia.
E mundu di propaganda a deskubrí e téknikanan akí i ta usando nan ku éksito.

Heineken tabatin un propaganda melodioso: '**H**eerlijk, **H**elder, **H**eineken'.
Tres palabra kuminsando ku e mes lèter.
Venevisión tabatin un programa yamá: 'Sábado Sensacional'. Nan a kambi'é pa: 'Súper Sábado Sensacional'.

Kabayero, nunka bisa un hende muhé ku e ta gordo. E ta nua ku bo sigur. Si bo bis'é ku e ta: '**B**alente **B**unita', bo ta haña un sonrisa i podisé asta un danki.

Loke ta zona bon tambe den orea di e oudiensia ta tres palabra ku ta terminá meskos.
M'a bai yag kabritu na Bandabou serka mi amigu Vi, ku tin masha hopi kabritu ku e ta kuida pa bende.
Despues di a determiná kua kabritu nos ta bai kohe, nos a bai su tras i nos a gar'**é**, mat'**é**, kom'**é**.

Ora Vi a konta loke a transkurí el a bisa: 'nos a gar'**é**, mat'**é**, sabori'**é**'.

Fuera di e final igual, el a usa *'sabori'é'* na lugá di *'kom'é'*. Ku esaki el a pinta ku palabra. Nos por mira kon e komementu a tuma lugá.

Amplia bo vokabulario lesando buki i konsultando un dikshonario. Sea atento pa nifikashon di palabra. 'Diferensia entre palabra korekto i palabra kasi korekto ta e diferensia entre welek i un lampi'.

Tin biaha nos por tin difikultat pa pronunsiá un palabra ku nos ta tende konstantemente, pero ku nos mes no sa usa. Parti e palabra den sílaba i pronunsi'é sílaba pa sílaba. Hisa e velosidat gradualmente te ora bo por pronunsiá e palabra korektamente den un tiru.

Lamentablemente nos tin e 'barbarismonan', manera dr. Antoine Maduro tabata yama nan, ta penetrando nos idioma mas i mas. Sea nos ta kopia di otro sin pensa òf nos mes ta papia sin pone atenshon na loke nos ta bisa, pero un kos ta sigur: ta un estorbo i un falta di rèspèt pa nos idioma i nos oudiensia.

'Antombra' no ta papiamentu!
Si bo puntra esun ku us'é kiko e palabra ta nifiká, e no por kontestábo. Hasiendo un análisis m'a saka e siguiente konklushon. Nos tin e palabra 'pasobra' i su variante 'pasombra'. Nan abreviashon ta 'pasó'. Aparentemente ta komo e palabra 'antó' - ku tambe nos tin - ta parse

'pasó', a konstruí 'antombra'. Den tur idioma sa traha abreviashon di palabra. Den e kaso akí a traha un palabra di un supuesto abreviashon.

Parse 'ami' no ta eksistí mas.
Awendia el a bira 'mi persona'.
Vehíkulo di un radio emisora tabata drentando e bario di Wishi / Marchena kaminda un atrako a kaba di tuma lugá. Pa e primisia e reporteronan a baha mesora. Nan a topa un testigu okular i nan a disidí di entrevist'é laif. Riba nan pregunta, si e por identifiká e malechor, el a kontestá: 'Kómpolaga, mi persona a mira su persona kore limpi bai'. Segun e, ta dèftu el a papia na radio, manera sierto hende sa hasi.

Curaçao no konosé 'problema'.
Tur kos a bira 'problemátiko'.
Un mandatario den un entrevista a yega di deklará:'E problema akí a bira un problemátiko mashá pisá mes'.
Un problemátiko no ta eksistí. Un asuntu por ta problemátiko, nifikando ku e ta un problema kompliká.

Ta usa e palabra 'personalmente' sin sa su nifikashon. Si mi ta papiando na nòmber di mi organisashon i nan hasimi un pregunta riba un asuntu ku nos no a reuní ariba ainda, mi por bisa: 'Lamentablemente mi tin ku debebo un kontesta. Fin di e siman akí nos direktiva ta deliberá riba e punto akí. Personalmente, mi no ta kere ku ta un problema'. M'a kita pèchi di Presidente pa no kompremeté mi organisashon.

Den un situashon kaminda no tabata representando ningun organisashon, un hende a bisa: 'Mi mes personalmente no a tende e kos ei, pero personalmente mi ke duna mi propio opinion personal, sí'.

'Lástimamente' no ta papiamentu ni spañó.
No por pone 'mente' tras di un sustantivo, pues 'un lástima' no por bira 'lástimamente'.
Edsel ku ta un gramátiko mashá respetá den su klup di Toastmasters sa bisa: 'Si bo bisa 'lástimamente', bo ta lastimá mi mente'.
'E palabra korekto ta: 'lamentablemente'.
M'a yega di tende hende usa: 'bèrdatmente' i asta 'vooralmente'.

Aviso den korant.
Un botika a laga pone e siguiente aviso:
'Nos a kaba di risibí: peña pa kabei duru i puiru pa muhé barata'. Di mes nan no a bende.
Aviso di un negoshi prestigioso den Punda: 'Nos tin sapatu pa hòmber di bon kalidat'. Straño, pero esaki sí a bende sin fin.

Ora mi lesa: '… e defuntu, na bida yamá …' mi ta puntra mi mes, awor ku el a fayesé el a haña un otro nòmber?

Un defuntu ku na momento ku e fayesé tabata presidente di su klup den pasado, ta un èks presidente. Pero un penshonado di Shell, ora ku e fayesé, no ta un èks penshonado! Sino e mester a stòp di ta penshonado promé ku el a fayesé.
Kiko bo ta pensa di e siguiente: 'A fayesé Socorro Maria Martina, mihó konosí komo Socorro'.

Un lokutor a purba splika e situashon na Festival Center algu promé ku un evento a kuminsá:
'Oyentenan, tin un multitut enorme di outo pafó di Festival Center awe nochi'.
Multitut ta nifiká: mashá hopi hende.

Skuchando informashon di wer, m'a tende:
'Lo por tin hopi inundashon di awa e aña aki'.
Inundashon semper ta kousá pa awa.
'Por spera algun awaseru lokal awe tardi'.
Mi no tabata sa ku nos por konta awaseru. Yobida sí.
'Un awa torensial a kai mashá duru i basta un ratu na Suffisant'.
Torensial ke men: duru i hopi.

Den e espasio di notisia di tráfiko:
'Un vèn a alkansá un ansiana di edat avansá, krusando kaya. Dòkter di polis a konstatá morto di e kadaver'.
Nunka mi no a topa ku un ansiana hóben, ni un kadaver bibu.

'Den un otro aksidente, un bròmer a dal frontal patras di un pikop'. Te ainda mi no por visualisá esaki.

Un komersiante a duna e siguiente deklarashon:
'E aña akí nos a bini ku un inovashon nobo i nos ta kalkulá ku lo e bende pa kasi mas ku alrededor di 100.000 florin total'.
Purba saka sòm kiko e ke men.

Nos no mester hari muchu duru.
Tene kuidou pa e siguiente ekspreshonnan no sali for di nos boka:
'M'a bèk bai patras'
'Bolbe ripitié di nobo atrobe',
'M'a kai abou na suela'
'Mi ke agregá algu aserka'.
'Mi bisiña, kual ta un hende respetá .....'.
Na lugá di 'kual' mester bisa 'ku'.
'El a bisa lokual ami ker a bisa'.
Usa 'loke' na lugá di 'lokual'.

Nos mester bira mas konsiente di loke nos ta papia. E kòmpiuter mas sofistiká na mundu ta nos serebro. Pa e funshoná óptimamente, nos mester program'é bon.
Un ehersisio ekselente ta: ora nos tuma nota di un barbarismo, koregié mesora. Programando e korekshon, lo tin komo resultado ku nos lo no usa e eror, sino e korekshon ora nos papia.

Na kas i na trabou, koregí otro na un manera grasioso. Porehèmpel, si un hende bisa: 'M'a bèk mi outo bai patras', puntr'é si e por bèk e outo bai dilanti.

Di e manera akí tur hende ta yuda otro mehorá. Trata di no hasi e persona ku bo ke yuda ridíkulo dilanti di hende.

No papia 'Papiandes', ku ta papiamentu mesklá ku palabra hulandes.

Hasi esfuerso pa buska e palabra korekto na papiamentu. Pidi esnan ku bo tin interakshon kuné diariamente pa yudabo.

Ora nos ta papia ingles òf spañó porehèmpel, nos no ta dorn'é ku palabra hulandes, pues pakiko nos ta hasié ku papiamentu?

10

Uso di Aparato

Komo nos oudiensia ta oudio/visual, fuera di nos kurpa, nos por hasi uso di aparaton pa nan yuda nos mantené atenshon di esnan ku ta skucha.

Si bo konosé e bentaha i desbentahanan di un aparato, bo por us'é óptimamente. Ku tempu, e mentenan inovativo ta produsí mehoransa di un aparato eksistente òf un aparato kompletamente nobo, basá riba teknologia moderno.

Den e 80% di preparashon tin incluí práktika ku e aparato ku bo ta bai usa. Sa tin diferente modèl i marka, ku nan propio karakterístikanan.

Un rekorido ta duna nos e siguiente panorama:

Bòrchi di skol (pa 30 pa 40 persona):
Bentaha:
E ta duradero. Si bo bai bo skol básiko, kasi sigur lo bo topa ku e mes bòrchi di ten'i bo ten.
E tin hopi espasio pa pone informashon.
Desbentaha:
E ta inmobil. Esaki ta nifiká un limitashon den e manera di ordená stul i bankinan den e klas.
E kreit ta laga bo man tur na stòf.
Bo tin ku primi e kreit riba e bòrchi pa skirbi.

Whiteboard (pa 30 pa 40 persona):
Bentaha:
E ta ekonómiko.
Tin diferente tamaño.
E ta móbil. Sea bo ta kolog'é na muraya òf hink'é den un kuadro riba wil.
E ta blanku, pues por hasi uso di koló.
Riba e tekstura ei bo ta skirbi suave i e ta limpia fásil.
Desbentaha:
E no ta duradero. Despues di tempu loke a skirbi anteriormente ta keda levemente visibel pasobra e kapa fini di e bòrchi ta deteriorá.

Flipchart (pa 40 pa 50 persona):
Bentaha:
Tin basta lugá pa informashon.
Por prepará e blachinan delantá (kòrda skirbi nèchi).
Por usa e mesun informashon despues.
Por kita e blachinan pa kologá na muraya.
Desbentaha:
Su posishon banda di e mesa di oradó.
E boltumentu di blachi.
Ku aparato mas moderno su uso a bira limitá.

- Usa e tipo ku tin liña fini horizontal i vèrtikal. Traha bo lèternan (kapital) den e hòkinan.
- Prepará e blachinan pa bo bòltu di patras bini dilanti.
- Usa koló pretu, blou òf bèrdè pa skirbi i kòrá pa dòrna. Por kombiná por ehèmpel: pretu ku kòrá, blou ku kòrá, pretu ku bèrdè. No usa mas ku tres koló.
- Usa 'tipp-ex', 'masking tape' òf un etiketa pa tapa un eror i skirbi riba dje despues.
- No pone mas ku 4 punto klave riba un blachi.
Mantené un margen di 3 dùim na tur banda di e papel.
Pa bo spik, skirbi bo anotashon ku pòtlot bou di bo puntonan klave.
- Sòru pa tur partisipante tin un bon bista riba e flipchart miéntras bo ta papiando òf skirbiendo.

Power Point:
E teknologia di Power Point a reemplasá e 'overhead projector'. E ta konsistí di un kòmpiuter i un bimer.

Bentaha:
Kalidat di e imágen.
Posibilidatnan amplio ku e kòmpiuter ta brinda.
Simplemente ku toke di un boton ta kambia e imágen.
E kreatividat ku por apliká.
Desbentaha:
E ta un sistema kostoso.
E ta delikado.

Por surgi e tendensia di usa mas tantu di e posibilidatnan amplio, sin tene kuenta ku tin adulto ku ainda sa disfrutá di kartún. Ora e pòpchinan ta habri kortina, baha ku e siguiente imágen, kore pasa ta hala un imágen nobo, e afisionadonan menshoná ta kapas di lebumai e orador i konsentrá riba e show.

Limitá teksto riba pantaya. E oudiensia por les'é muchu mas lihé ku e oradó por papi'é. Pues nan no tin mester di skucha mas. Konsekuentemente, nan ta pèrdè atenshon.

Ora usa e sistema di kontrol remoto, no mester mek riba e lèptòp i primi duru, manera tin hende sa hasi ora nan ta kambia kanal di televishon. Tene kuenta ku e aparato ta mashá sensitivo, pues bo por hasié na un manera diskreto, pa e oudiensia no ripar!á.
E orador i e proyekshon di e bimer no mester ta muchu leu for di otro. E orador ta keda e punto di enfoke, pues no laga bista di esnan den sala desviá demasiado.

Sòru pa no interferí ku rayo di e bimer i produsí bo sombra. E lugá ideal pa e bimer, ta kologá na plafònt.
Prepará tur instalashon di tal forma, ku ora ta introdusiendo bo, ya kaba ta proyektando imágen riba e pantaya, porehèmpel: un diseño òf potrèt, título di bo presentashon ku bo nòmber na e momento ku ta anunsiand'é.

Maske kuantu nos prepará, ora ta trata di aparato, semper por tin fayo tékniko.
Kòrda, c aparato no ta bo presentashon sino simplemente un yudansa. Si bo no por presentá sin e sosten akí, loke bo tin di bisa no tin mashá balor pa skucha.

Aparato por faya, pero hende tambe por fayabo.
Mi tabata oradó di órden pa un konferensia di Jaycees na Hotel Holiday Beach i m'a prepará ku mi amigu Erich pa e toka su òrgel: despues di mi introdukshon, algun biaha durante mi presentashon i na final.
Mi título tabata: 'Reach for your Dreams'. Erich mester a toka e piesa 'Dream, dream, dream' di The Everly Brothers ora mi ta subiendo esenario. M'a palabrá ku e tékniko di e hotèl enkargá ku lus i zonido pa e dim e lus pokopoko na e momento ei. Mi promé palabranan tabata: 'Distinguished guests, ladies and gentlemen, tonight we are going to dream', despues mi a bati mi man i bisa: 'Wake up, wake up, I said we are going to dream not to sleep'. Mientrastantu e tékniko lo a subi intensidat di e lus den sala.

Lamentablemente e lus no a dim ni brait!
Mi a sigui manera nada no a pasa.
Un ratu despues, moviendo riba e podio, m'a nota ku e tékniko no tabata sintá na su lugá.
Na final mi a risibí un ovashon riba pia di un sala yen, ku diferente mandatario dje tempu ei presente.
Te ainda mi ta puntra mi mes kon e oudiensia lo a reakshoná si e kabayero tékniko no a fayami.

Ta mashá útil si bo tin un tékniko presente pa solushoná kualke problema ku surgi ku un aparato.
E ta pone ku abo por konsentrá riba bo presentashon sin preokupashon. Si resultá mes, ku e aparato no ta funshoná, bo ta bai plan B sin a pèrdè tempu balioso ta wòri.

11

Evaluashon

Evaluashon ta e instrumento pa yuda un hende krese. E ta nesesario den tur aspekto di nos bida.

Si konstantemente bo ta tende solamente loke ta bon, bo kabes ta shusha, pasobra bo ta kere ku bo ta tremendo, siendo ku tin hopi kos pa drecha.
Konsekuentemente, bo no por krese.

Si konstantemente bo ta tende solamente loke *no* ta bon, bo ta bai pensa ku bo no ta sirbi, miéntras tin hopi kos bon.
Konsekuentemente, bo no por krese.

Si nunka bo no tende ni esun ni e otro, bo no por pensa nada, pasobra bo no sa unda bo ta pará. Konsekuentemente, bo no por krese.

Pa nos desaroyo, nos mester tende loke ta bon i tambe loke mester drecha. Esaki ta esensia di evaluashon. E ta konta for di beibi te un persona mayor di edat.

Krítika tin un konotashon negativo i mayoria di hende ta bira krepchi òf defensivo. Tin ku asta lo no skucha.

E sistema mas adekuado pa evaluá, ta esun di 'sèntwich'. Esaki ta konsistí di 3 parti.
E promé: kos bon (pasado / presente)
E di dos: loke bo por mehorá i un ehèmpel kon hasié
E di tres: kos bon (futuro)

E promé:
Den tur sirkunstansia tin kos bon ku bo por hala atenshon riba dje.
Ku un salida positivo bo ta trankilisá e persona i naturalmente lo e pone atenshon na loke bo ta bisa. Bo opservashon por incluí algu di pasado pa enfatisá presente.
Algun ehèmpel:
'Mi ta gosa bo abilidat pa hala atenshon di bo oudiensia ora bo kuminsá papia. Awe b'a usa bo kreatividat pa hasié na un manera úniko'.

'E puntonan ku b'a trese pa sostené bo ponensianan tabata mashá konvinsente'.

'Loke a impreshonámi ta ……….'.

E di dos:

No anunsiá e parti akí sino drenta den dje ku fluides.

Evitá: 'Pero, ………..', òf 'Loke mi no a gusta ta …………..', òf 'Awor e kosnan ku bo mester drecha: …………..'.

Bisa porehèmpel:

'Pa bo presentashon hasi mas impakto ainda, desaroyá un kontakto di wowo mas estrecho ku bo oudiensia. Durante bo preparashon, praktiká papiando ku bo mes dilanti di spil. Purba wak bo mes mas tantu ku bo ta wak bo notanan' òf

'Loke a konfundími ta ora b'a bisa: 'M'a gosa un bòl' miéntras bo a sakudí bo kabes den forma negativo'. 'Si bo hisa bo dos moketanan, difísilmente lo bo por sakudí bo kabes na un manera robes'.

Sea spesífiko, pa e persona por komprendé eksaktamente na kua parti di su presentashon bo ta refiriendo.

Porehèmpel:

'Ora b'a papia di e diferensianan den karakter di bo dos yunan, lo tabata mas efektivo si na lugá di bisa 'esun' i 'e otro', b'a menshoná nan nòmber'.

Menshoná e aspektonan mas importante pa drecha so.

E di tres:
Pa enkurashá un persona pa e apliká e konsehonan pa sigui krese efektivamente, ta bon pa sera ku un of mas punto positivo.
Por ehèmpel:
'Bo tin hopi potensial. Mi ta kurioso pa presensiá bo próksimo presentashon pa mi ta testigu di bo kresementu'.

Un hefe por apliká e sistema akí pa enkurashá un empleado, pero tambe ora tin ku ranka su orea ora el a faya. Pepará debidamente.

1. Menshoná algun kos positivo di dje òf ku el a yega di hasi.
2. Puntr'é kiko a sosodé. Yega na akuerdo kon mester drecha e fayo.
3. Papia di su futuro pa e por sigui mehorá.

Na lugá di sali kabes abou e ta sali kara na laria, pa drecha su eror i ku intenshon pa no kometé fayo mas.

Sea semper:
   a. Konstruktivo
   b. Onesto
   c. Sinsero

   a) Pa destruí ta fásil. Asta un beibi por hasi esaki.
     Konstruí ta un arte. Siñ'é i aplik'é.

b) No komplasé pa keda bon ku un hende. Defakto bo ta desonesto pasobra bo no ta papia bèrdat.
Onestidat ta un virtut. E ta yuda abo i otro hende.

c) Si bo no ta sinsero bo no ta konfiabel.
Sinseridat tambe ta un virtut. E ta sali di un kurason limpi.

Tene bon kuenta ku niun hende no por fòrsabo aseptá nan yudansa / sugerensia. Abo ta keda responsabel pa esaki.
Sinembargo, si bo ke krese, mi ta konsehábo sigui e rekomendashonnan di un hende ku ta konstruktivo, onesto i sinsero.

Krítika destruktivo? Esaki ta dependé di bo.
No permití krítika desanimábo ni kibrabo.
Al kontrario, us'é pa krese bai laga esun òf esnan ku ta envidioso di bo progreso i bo logronan.
E ta destruktivo si abo asept'é asina. Pero si bo tum'é komo algu positivo, abo ta sali ganá.

Bo ta selebrando bo kumpleaño, b'a pone fiesta i tur hende a trese nan regalo lorá den papel bunita ku su streki kolorido. Ami a trese di mi den un saku di papel maron ku mancha di zeta i tur machiká. Lo bo pone di mi un banda i habri tur e otro regalonan promé.
Pa bo informashon, m'a gasta tur mi sèn na un renchi di djamanta, ku no a sobra niun depchi pa papel bunita,

ni pa streki kolorido.

No wòri ku e forma ku e krítika bini. Saka loke bo por usa pa abo por mehorá. Pesei kòrda gradisí tur hende ku tin opservashon riba loke bo bisa òf hasi, sea ku nan hasié na un manera positivo òf negativo.

Desaroyo no mester ta un pustamentu ku ningun hende. Despues di kada presentashon, bo mester apsorbá bo evaluashon promé ku bo kuminsá prepará e siguiente presentashon.
Sea krítiko ku bo mes. Semper evaluá bo mes di un forma eksigente, rígido i skèrpi.
Maske kon bon otro hende haña bo presentashon, maske nan no ripará sierto fayo, abo sòru ku bo ta asina krítiko ku bo ta konsiente di loke bo por a hasi mihó.
Maske bo haña un ovashon riba pia, semper tin kos ku bo por a hasi mihó. Pa bo kresementu, tuma nota i hasi e korekshon(nan) nesesario.
'Kos bon semper por bira mihó' (Z86).

12

Toastmasters International

Si nos duna un hende un buki ku ta splika tur kos tokante korementu di outo, i e ta studi'é dje bon ei ku e por kontestá tur pregunta ku hasié korektamente, lo e no por kore outo, sino te ora e drenta tras di e stür i siña kore.

Práktika mester kompañá teoria.

Pa e motibu akí e outo ku ami ta rekomendá, ta un klup di Toastmasters.

Toastmasters International ta e organisashon edukashonal, ku ta lider mundial den e áreanan di komunikashon i liderazgo.

Dr. Ralph Smedley a tene e promé reunion di un klup di Toastmasters dia 22 di òktober 1924 na Merka. E organisashon, ku su sede na California, a krese i ya a surpasá 270.000 miembro na mas ku 100 pais.

E sistema di Toastmasters ta basá riba desaroyo personal den un ambiente agradabel i edukativo. Esaki ta tuma lugá den e klup ku ta reuní dos biaha pa luna. Un reunion ta dura dos ora.

Tin diferente tarea pa e miembronan ehekutá den un reunion:

Toastmaster di Reunion
Presidente ta pasa martin pa e miembro ku ta bai dirigí e parti edukashonal di e reunion e dia ei. E tin ku praktiká introdukshon di tur esnan ku tin un tarea, di un forma variá i agradabel. E por hasi su tarea tambe a base di un tema òf un tópiko. Kreatividat ta hunga un ròl importante aki, pasobra e ta responsabel pa ambiente di e reunion. E mester sòru pa e reunion kana segun e tempu stipulá riba agènda.

Maestro di Tópiko
Tarea prinsipal di e miembro akí ta, sòru pa esnan

ku no tin tarea no bai kas sin papia nada den e reunion.
E tin ku siña formulá su preguntanan / ponensianan di tal
forma ku no por kontestá simplemente ku un sí òf un nò.
Despues di a trese su punto dilanti e ta apuntá e miembro
ku tin ku elaborá durante un pa dos minüt. Di e manera
akí tur miembro tin ku hasi e ehersisio di skucha, pensa
lihé kiko/kon lo kontestá i finalmente papia. E ta evitá di
duna turno na e Oradornan, e Anotadó di Tempu i
bishitante.

Orador

Den e programa tin lugá pa tres òf kuater orador,
ku ta usa nan manual básiko òf nan manual avansá.
Kada proyekto den e manual básiko ta pa yuda e orador
siña un aspekto elemental di komunikashon.
E manualnan avansá ta pa siña apliká diferente tipo di
presentashon.
Tur proyekto tin su ophetivonan ku mester kumpli kuné.
E orador mester tuma kontakto ku su evaluador na
tempu, pa inform'é di su título i tópiko, i si e ke pa e
evaluador pone atenshon riba un òf mas aspekto spesífiko
di su presentashon.
E ta informá e Maestro di Reunion tambe di su título.
Si e orador ta un Toastmaster Avansá e ta prepará su
introdukshon pa e Toastmaster di Reunion, i ta mand'é
p'e na tempu.

Evaluador General
Su tarea ta pa evaluá henter e reunion i esnan ku no tin

evaluador, di moda ku por mehorá e kalidat di e reunion i di e miembro kontinuamente.

E tin algun miembro pa asistié:

- *Evaluador di orador*

E evaluador ta kumpli ku su tarea abase di e ophetivonan di e proyekto i e guia pa evaluá, ku ta stipulá den e manual di e orador. E ta hasié oralmente i skirbí.

Pa e manual básiko e evaluador mester ta mas avansá ku e orador.

Si e orador no kumpli ku e ophetivonan e evaluador por sugerí pa e presentá e proyekto di nobo. E orador no ta obligá di hasié, pero lo kumbinié, si e ke sigui desaroyá i krese.

- *Gramátiko*

No ta importá kua idioma nos ta papia, kontal ku nos papi'é na drechi. E gramátiko no solamente ta bini dilanti pa hala atenshon riba e fayonan, sino tambe pa indiká kon e manera korekto ta. Tin gramátiko ta bin reunion ku nan dikshonario pa nan tin sigur ku nan korekshonnan ta korekto.

Esaki ta nifiká ku e mester skucha ku mashá atenshon.

- *Kontador di 'Ah'*

Ku e lista di miembro su dilanti, e ta pone un palítu tras di nòmber di un miembro kada biaha ku e produsí un aah, iiii, uhm, òf kualke otro variashon ku no ta na su lugá.

E ta hasi tur hende ku papia konsiente di e manera ku nan ta ekspresá nan mes, di moda ku nan por minimalisá i asta eliminá e estorbo akí.

E tambe tin ku skucha bon pa ehekutá su tarea.

- *Anotador di Tempu*

Riba programa tin e kantidat di minüt stipulá pa kada tarea. E anotador di tempu ta menshoná solamente esnan ku a surpasá nan tempu, ku eksepshon di e oradórnan, ku ta haña sa eksaktamente kuantu minüt i sekònde nan a papia.

E disiplina di tempu ta pone ku un reunion por kuminsá na ora i terminá na ora.

Pa un desaroyo efektivo, ta bon pa tira kuater pa sinku diskurso pa ana i kumpli ku kada un di e otro tareanan porloménos un biaha pa aña. Mester prepará kada biaha pa hasié mihó ku e turno anterior.

Den e struktura organisatorio di Toastmasters International, tin diferente posishon di liderazgo.

Nan no ta basá riba poder, sino riba sirbi e miembro pa e desaroyá i logra su metanan.

Aki tambe bo ta siña hasiendo, huntu ku e teoria.

Pa kada posishon tin un manual ku instrukshon i dos biaha pa aña ta organisá un entrenamento pa e lidernan.

Ta tene kuenta ku mayoria di miembro nobo nunka a funshoná den direktiva di un klup òf organisashon.

P'esei, ku eksepshon di Presidente, tur otro miembro di direktiva di un klup mester buska dos miembro pa forma parti di nan komishon. E dos miembronan ta siña kiko e tarea ta enserá, di moda ku porloménos un di nan ta bira kandidato pa e puesto na fin di e periodo. Alabes e tarea di e miembro di direktiva ta bira mas fásil, pasobra e tin dos hende pa yud'é.

Pa krea mas lider i pa no ankra den e posishon, ta eligí e Presidente òf Gobernador pa un aña so.

Kaminda tin kuater pa shete klup, ta forma un Área ku su Gobernador i su tim. E Gobernador ta un èks Presidente eksitoso.

Su tarea ta pa asistí direktiva di su klupnan a base di su konosementu i eksperensia pa e klupnan por alkansá nan meta(nan).

Porloménos tres área ta forma un Divishon, ku su Gobernadó i su tim.

E tin komo tarea prinsipal: guia su Áreanan a base di su konosementu i eksperensia pa nan por alkansá nan meta(nan).

Un Distrito ta konsistí di porloménos 60 klup den sierto área geográfiko, ku e meta pa surpasá 100 klup. E Distrito ta e brasa atministrativo di Toastmasters International. Bou di guia di e Gobernador i su tim e distrito ta traha estrechamente ku e ofisina prinsipal na Merka. E ta suministrá dato relashoná ku entre otro finansa, edukashon, kresementu i liderazgo. E ta pasa informashon destiná pa e miembronan, via su Divishonnan, Áreanan i Presidentenan.

Na tur nivel ta stipulá e metanan pa e aña i ta bai traha pa logra nan.

Dos biaha pa aña (mei i oktober) ta organisá un Konferensia di Distrito. Den Karibe, kada biaha ta na un isla diferente.

E Direktiva Ehekutivo di Toastmasters International ta konsistí di un Presidente, un Vise Presidente Eligí, un Promé Vise Presidente i un Segundo Vise Presidente. E 14 Direktornan Internashonal i e Direktor Ehekutivo tambe ta forma parti di e direktiva.

Tur aña na luna di ougùstùs kada biaha na un siudat diferente, Toastmasternan di rònt mundu ta bini huntu den e Konvenshon Internashonal.
Fuera di seshonnan edukashonal, elekshon di Direktiva i re-enkuentro ku amigu, tin e famoso 'World Championship of Public Speaking'.
Durante e konvenshon, bo ta logra komprendé e embergadura di e organisashon i bo ta regresá inspirá, ku hopi ánimo pa sigui desaroyá bo mes. E Konvenshon no ta algu pa konta, sino pa eksperensiá.

Pa bira miembro di un klup di Toastmasters, bo mester bishitá tres reunion konsekutivo, pa mira kon e reunionnan ta tuma lugá i pa e miembronan mira bo interes pa desaroyá bo mes den e arte di komunikashon i liderazgo. Despues e miembronan tin ku vota pa aseptábo komo miembro.

Ta asignábo un Mentor, ku lo guiabo durante un aña pa bo haña un fundeshi sólido.
Abo ta responsabel pa bo desaroyo, ku stimulashon i yudansa di e sobrá miembronan di bo klup.
Despues di tempu bo desaroyo lo bai stagna.
Pa bo sigui krese, bo tin ku bira Mentor di un miembro nobo. Pasando bo konosementu pa un otro, bo ta haña sa loke bo no sa i bo tin ku buska pa bo sa.

Konosementu no tin doño. Nos tin ku tum'é, aplik'é, pa despues pas'é pa otro hende ku balor agregá, ku ta loke nos a siña durante e aplikashon.

Toastmasters a yuda mas ku 4 mion hende desaroyá nan abilidat di komuniká i di liderazgo i nan a saka i ta sakando mashá benefisio di esaki.

No drenta Toastmasters pa título òf pa posishon. Drenta pa bo siña di esnan ku sa, pasó nan a siña serka esnan ku sa. Sino bo tei pa vanidat i no pa logra bo desaroyo personal.
Ta ora bo ta aplikando loke b'a siña korektamente, nan lo balorá bo abilidat komo komunikadó.

TOKANTE E OUTOR

Despues di kasi binti aña edukando su kursistanan di 'Public Speaking' den e arte di komunikashon, D'arcy a disidí di pone su konosementu riba papel.

Toastmasters a yuda forma su abilidat di komuniká efektivamente i liderá asertadamente. El a logra un Segundo Lugá dos biaha (1987 i 2007) den e 'Taped Speech Contest' di Toastmasters International.

Su estudio universitario a kondusí na un BBA den Komunikashon.

E sa presentá regularmente komo Orador di Órden, tantu lokalmente komo den eksterior.

D'arcy Lopes ta e vishonario di e Distrito di Karibe di Toastmasters International. El a traha promé riba su desaroyo personal i bira un Distinguished Toastmaster na 1992. El a yuda lanta 22 klup di Toastmasters na Curaçao, St. Maarten, Bonaire i Aruba.
For di aña 2000 el a motivá, inspirá i liderá Toastmasters di diferente isla den Karibe pa oumentá e kantidat di klup riba nan teritorio i lanta klup na e paisnan den nan serkania.
Na 2006 e distrito a bira un realidat.
Bou di guia di Erich René di Curaçao komo 'District Governor' e Distrito a sali number 5 di entre mas ku 80 Distrito mundialmente, e promé aña di partisipashon.

Na 1997 pa promé biaha D'arcy a organisá un grupo di 15 Toastmaster di Curaçao pa bai e Konvenshon Internashonal. Anualmente e kantidat di partisipante a krese, te yega na kasi 60 persona.

Pa e motibunan akí, entre otro, Toastmasters International a honr'é ku un 'Presidential Citation' (un di e rekonosementunan mas haltu di e organisashon).

D'arcy a apliká su konosementu den organisashonnan manera Scouting i Deporte i riba tereno Religioso i Sosial.

E ta resipiente di Krus di Mérito di Teritorio Insular di Curaçao (2006).

Su Mahestat Reina Beatrix a kondekor'é komo Ridder in de Orde van Oranje Nassau (2008).

Su kurso di 'Public Speaking' ta ankrá riba e mesun prinsipio di kombiná teoria ku práktika.
Tur siman mester hasi un presentashon basá riba e teoria di e siman anterior. Ta evaluábo kada biaha ku bo presentá.
Despues di 7 siman e kursista tin un bon fundeshi:
E miedu pa para dilanti di un grupo i hiba palabra a kita;
A siña kon dominá e tenshon promé i durante un presentashon;
Por formulá i ekspresá ideanan mihó;
Na lugá di simplemente papia, a siña komuniká.